ALL THE BEAUTY IN THE WORLD

这世间一切的美

纽约大都会艺术博物馆

导览手册

Contens | 目录

02
一 大楼梯

06
二 窗户

10
三 圣殇

13
四 数百万年

18
五 远处的海岸

22
六 血与肉

28
七 修道院

32
八 哨兵

36
九 青年雕像

41
十 资深保安

49
十一 未完成的作品

52
十二 一天的工作

55
十三 多多益善

导览手册使用说明

如未特殊注明,正文中提及的艺术品都是大都会艺术博物馆的藏品。导览手册中包含了文中提及的全部艺术品的相关信息。艺术品信息下方的灰色文本框内,左侧显示了该藏品在大都会艺术博物馆内的具体位置(如,"**二层613**"),右侧显示了其在正文中出现的对应页码。如想观看大多数藏品的高清晰度照片,请访问大都会艺术博物馆官方网站。通常,搜索某个藏品的最佳方法,是使用它独有的统一编号,如"**29.100.6**",也附在下文说明中。

另外,也可以在网上访问 patrickbringley.com/art,找到与所有艺术品相关的一份清单,包括那些不收藏在大都会艺术博物馆的艺术品。

一　大楼梯

我对这幅画的反应完全被困在了体内，
就像一只在我胸口扇动翅膀的小鸟。

《收割者》(*The Harvesters*)
［荷］彼得·勃鲁盖尔，1565 年
19.164

二层 613　　**16**

《托莱多风景》(*View of Toledo*)
  [西]格列柯(生于希腊),约1599—1600年
  29.100.6   二层619   5

《宝座上的圣母、圣子与圣徒》(*Madonna and Child Enthroned with Saints*)
  [意]拉斐尔(拉斐尔·圣齐奥),约1504年
  16.30ab   二层609   5

《圣母和圣婴》(*Madonna and Child*)
  [意]杜乔·迪·博尼塞尼亚,约1290—1300年
  2004.442   二层999   10

《14岁的小舞者》(*The Little Fourteen-Year-Old Dancer*)
  [法]埃德加·德加,1922年(浇铸)
  29.100.370   二层815   11

受伤武士的大理石雕像
  罗马,约138—181年,根据公元前460—前450年的
  一座希腊青铜雕像复制
  25.116   一层153   14

波纳布的马斯塔巴墓
  埃及,古王国时期,约公元前2381—前2323年
  13.183.3   一层100   14

毕斯柱
  法尼普达斯,阿斯马特族,印度尼西亚,约1960年
  1978.412.1250   16

正前方是一道宽大、笔直、宏伟的阶梯,阶梯终点是一块色彩缤纷的画布,活像一张绷得紧紧的巨大船帆。

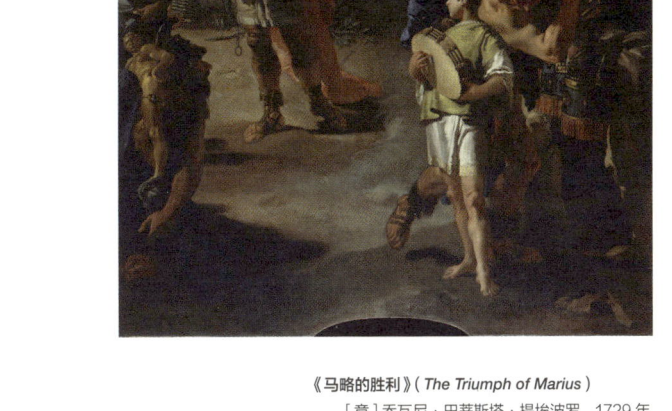

《马略的胜利》(*The Triumph of Marius*)
　　[意]乔瓦尼·巴蒂斯塔·提埃波罗,1729 年
　　65.183.1

二层600　　**14**

二　　窗户

我几乎立刻感觉到，这幅画的作者迭戈·委拉斯开兹也在房间里。他把画架放在她前面几米处，低低地弓着身子，正在施展自己的魔法……

《西班牙公主玛丽亚·特蕾莎》
(*Maria Teresa, Infanta of Spain*)
[西]委拉斯开兹，约1651—1654年
49.7.43

二层645　　**26**

《圣母和圣婴》(*Madonna and Child*)
　　[意]贝林吉耶罗,约1230年
　　60.173　　　　　　　　　　　　　　　　　　二层601　　24

《建筑师蒂武西奥·佩雷·奎尔沃》(*Tiburcio Pérez y Cuervo, the Architect*)
　　[西]弗朗西斯科·德·戈雅,1820年
　　30.95.242　　　　　　　　　　　　　　　　二层641　　24

《少女肖像》(*Study of a Young Woman*)
　　[荷]约翰内斯·维米尔,约1665—1667年
　　1979.396.1　　　　　　　　　　　　　　　 二层614　　27

《睡着的女仆》(*A Maid Asleep*)
　　[荷]约翰内斯·维米尔,约1656—1657年
　　14.40.611　　　　　　　　　　　　　　　　二层614　　27

《男子肖像》(*Portrait of a Man*)
　　[意]提香·韦切利奥,约1515年
　　14.40.640　　　　　　　　　　　　　　　　　　　　　29

《基督受难》(*The Crucifixion*)
　　[意]贝尔纳多·达迪,约1325—1330年
　　1999.532　　　　　　　　　　　　　　　　　　　　　 33

他画中的场景弥漫着玫瑰色的气氛,仿佛是用清水与红葡萄酒调成的颜料。

《维纳斯和阿多尼斯》(*Venus and Adonis*)
[意]提香·韦切利奥,16世纪50年代
49.7.16

二层608　　**29**

三　圣殇

我还记得，当时的博物馆如此寂静，就连那些雕塑也好像最近突然中了魔法。

《狄安娜》(*Diana*)
[美] 奥古斯图斯·圣高登斯（生于爱尔兰），1892—1893 年
费城艺术博物馆
在大都会艺术博物馆的是一座小些的雕塑：28.101

二层 766　　**46**

《金翅雀的圣母》(Madonna of the Goldfinch)
　　[意]拉斐尔(拉斐尔·圣齐奥),约1506年
　　佛罗伦萨乌菲兹美术馆　　　　　　　　　　　　44

《基督的诞生和崇拜》(Nativity and Adoration of Christ)
　　意大利,约1290—1300年
　　费城艺术博物馆　　　　　　　　　　　　　　　47

《坟墓中的基督与圣母》(Christ in the Tomb and the Virgin)
　　[意]尼科洛·迪·彼得罗·杰里尼,约1377年
　　费城艺术博物馆　　　　　　　　　　　　　　　48

四　数百万年

水神
  阿兹特克，15—16 世纪初
  00.5.72 59

《苹果盘》(Dish of Apples)
  [法]保罗·塞尚，约 1876—1877 年
  1997.60.1 二层 823 59

裸体男子的青铜雕像
  希腊或者罗马，约公元前 200 年—公元 200 年
  私人收藏，租借给大都会艺术博物馆 59

来自萨迪斯阿尔忒弥斯神庙的大理石柱
  希腊，约公元前 300 年
  26.59.1 一层 160 59

波纳布的马斯塔巴墓
  埃及，古王国时期，约公元前 2381—前 2323 年
  13.183.3 一层 100 60

卧狮
  埃及，古王国时期，约公元前 2575—前 2450 年
  2000.485 一层 100 61

双面斧，或称手斧
  埃及，旧石器时代晚期，约公元前 300 000—前 90 000 年
  06.322.4 一层 62

基岩下的空洞墓室
  埃及，新石器时代，约公元前 6900—前 3900 年
  26.10.68 64

来自梅克特里墓的游船模型
  埃及，中王国时期，约公元前 1981—前 1975 年
  20.3.1 一层 105 64

来自梅克特里墓中的面包房和酿酒坊模型
  埃及，中王国时期，约公元前 1981—前 1975 年
  20.3.12 一层 105 64

14

人们对蒙娜丽莎有相同的感觉：在她周围聚集的人越多，她那清澈的疏离神色越是动人心魄。

哈特谢普苏特坐姿塑像
埃及，新王国时期，约公元前1479—前1458年
29.3.2

一层115　　72

来自梅克特里墓的游廊和花园模型
　　埃及，中王国时期，约公元前 1981—前 1975 年
　　20.3.13

一层 105　　**64**

来自梅克特里墓的谷仓模型及抄写员的模型
　　埃及，中王国时期，约公元前 1981—前 1975 年
　　20.3.11

一层 105　　**64**

哈特谢普苏特的大型跪姿塑像
　　埃及，新王国时期,约公元前 1479—前 1458 年
　　29.3.1

一层 115　　**72**

赫德普的儿子优霍特普的木乃伊
　　埃及，中王国时期，约公元前 1981—前 1802 年
　　12.182.132c

一层 112　　**74**

奈芙提斯的卡诺匹斯罐
　　埃及，中王国时期，约公元前 1981—前 1802 年
　　11.150.17b

一层 112　　**75**

荷花与纸莎草图案的外部雕饰让人有一种它正在尼罗河上漂浮的感觉,在古代,这些雕饰都会被涂上鲜艳的颜色。

丹铎神庙
埃及,罗马时期,约公元前 10 年
68.154

一层131　　77

五　远处的海岸

我的眼睛永远看不够这幅手卷，我的心也永远看不够……

《树色平远图》
郭熙，约1080年
1981.276

83

阿斯特庭院
 建于 1981 年，中国明代风格
 217 号展厅 　　　　　　　　　　　　　　　　二层 217　　82

《睡莲池潭上的桥》(*Bridge over a Pond of Water Lilies*)
 [法]克劳德·莫奈，1899 年
 29.100.113 　　　　　　　　　　　　　　　　二层 819　　87

《干草堆（雪和太阳的影响）》[*Haystacks (Effect of Snow and Sun)*]
 [法]克劳德·莫奈，约 1891 年
 29.100.109 　　　　　　　　　　　　　　　　二层 819　　87

《维特伊的夏日》(*Vétheuil in Summer*)
 [法]克劳德·莫奈，1880 年
 51.30.3 　　　　　　　　　　　　　　　　　二层 818　　88

社区威能偶像（巫术偶像）
 宋耶人，刚果民主共和国，19—20 世纪
 1978.409 　　　　　　　　　　　　　　　　　　　　　　　94

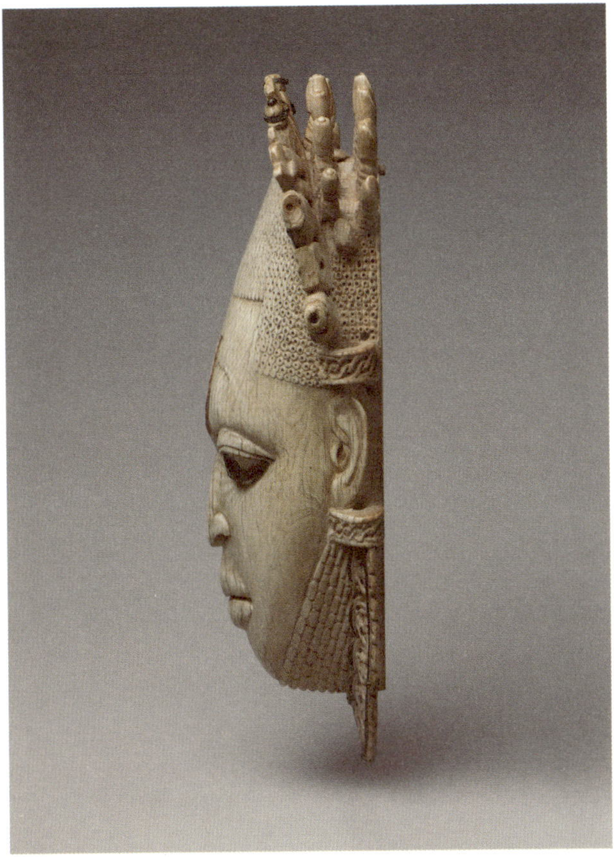

王太后的面具

埃多人，尼日利亚，16 世纪

1978.412.323

93

它会让人对佩戴者的强韧留下深刻的第一印象，然后在随后的接触中将她视为偶像。

六　　血与肉

《自画像，"我"》(Self-Portrait, "Yo")
  [西]巴勃罗·毕加索，1900 年
  1982.179.18 … 100

《347 幅系列刻蚀画》(347 Suite)
  [西]巴勃罗·毕加索，1968 年
  多个统一编号，如 1985.1165.38 等 … 100

《演员》(The Actor)
  [西]巴勃罗·毕加索，1904—1905 年
  52.175 … 二层 828　101

《白衣女子》(Woman in White)
  [西]巴勃罗·毕加索，1923 年
  53.140.4 … 102

被盗塞浦路斯手镯的复制品
  被盗的塞浦路斯手镯原件制造于公元前 6 世纪—前 5 世纪，
  复制品由蒂芙尼公司制造
  74.51.3552 … 105

奈特女神小雕像
  埃及，古埃及晚期，公元前 664—前 380 年
  26.7.846 … 107

《圣多玛》(Saint Thomas)
  意大利，西蒙·马蒂尼（Simone Martini）的工作室，
  约 1317—1319 年
  43.98.9 … 107

《安妮·伊丽莎白·卓姆利，后为马尔格雷夫夫人》
(Anne Elizabeth Cholmley, Later Lady Mulgrave)
  [英]盖恩斯伯勒·杜邦，约 1788 年
  49.7.56 … 107

《维特伊风景》(View of Vétheuil)
  [法]克劳德·莫奈，1880 年
  56.135.1 … 二层 818　107

23

顺便说一句，赫尔墨斯是窃贼之神。

赫尔墨斯大理石头像
希腊，约公元前 5 世纪末
59.11.24

萨耳珀冬陶瓶
 [希]欧弗洛尼奥斯,约公元前520—前510年
 塞雷蒂国家博物馆,意大利,切尔韦泰里　　　　　　108

拉美西斯六世的戒指
 埃及,新王国时期,约公元前1143—前1136年
 26.7.768　　　　　　　　　　　　　　　　　　　108

维内蒂或者纳尼提金币
 凯尔特人,公元前2世纪中叶
 17.191.120　　　　　　　　　　　　　一层301　　108

巴黎西金币
 凯尔特人,公元前2世纪最后25年
 17.191.121　　　　　　　　　　　　　一层301　　108

饰物,或许是衣服扣子或者袖口扣子
 爱尔兰人,约公元前800年
 47.100.9和47.100.10　　　　　　　　　一层301　　108

《演丑角的舞者》(Dancer in the Role of Harlequin)
 [法]埃德加·德加,浇铸于1920年
 29.100.411　　　　　　　　　　　　　二层816　　108

《阿拉伯式舞姿》(Arabesque Devant)
 [法]埃德加·德加,浇铸于1920年
 29.100.385　　　　　　　　　　　　　　　　　　108

阿佛罗狄忒蹲姿大理石雕像
 罗马,制作于公元1世纪或2世纪,
 仿制自公元前3世纪的一座希腊雕像　　　一层162　　112
 09.221.1

《圣母和圣婴》(Madonna and Child)
 [意]杜乔·迪·博尼塞尼亚,约1290—1300年　二层999　　113
 2004.442

《雷暴之后的景象,马萨诸塞州,北安普敦,霍利约克山——牛轭》
(View from Mount Holyoke, Northampton, Massachusetts,
after a Thunderstorm—The Oxbow)　　　　　二层759　　116
 [美]托马斯·科尔,1836年
 08.228

25

"这真令人吃惊……他们不是看着照片画的。他们只是看着……画着……"

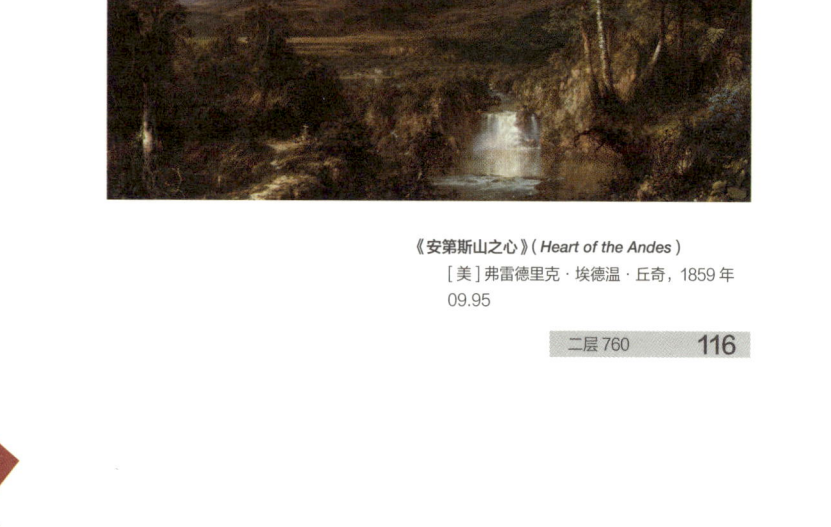

《安第斯山之心》(*Heart of the Andes*)
[美]弗雷德里克·埃德温·丘奇,1859年
09.95

二层760　　**116**

《纽约中心公园的冬天》(Winter, Central Park, New York)
　　[美]保罗·斯特兰德,1913—1914 年
　　2005.100.117　　　　　　　　　　　　　　　　　　　118

《熨斗大厦》(The Flatiron)
　　[美]爱德华·J.斯泰肯,1904 年
　　33.43.39　　　　　　　　　　　　　　　　　　　　118

《纽约今昔》(Old and New New York)
　　[美]阿尔弗雷德·施蒂格利茨,1910 年
　　58.577.2　　　　　　　　　　　　　　　　　　　　119

《乔治亚·欧姬芙——手》(Georgia O'Keeffe—Hands)
　　[美]阿尔弗雷德·施蒂格利茨,1919 年
　　1997.61.18　　　　　　　　　　　　　　　　　　　119

《乔治亚·欧姬芙——脚》(Georgia O'Keeffe—Feet)
　　[美]阿尔弗雷德·施蒂格利茨,1919 年
　　1997.61.55　　　　　　　　　　　　　　　　　　　119

《乔治亚·欧姬芙——躯干》(Georgia O'Keeffe—Torso)
　　[美]阿尔弗雷德·施蒂格利茨,1918 年
　　28.130.2　　　　　　　　　　　　　　　　　　　　119

《乔治亚·欧姬芙——乳房》(Georgia O'Keeffe—Breasts)
　　[美]阿尔弗雷德·施蒂格利茨,1919 年
　　1997.61.23　　　　　　　　　　　　　　　　　　　119

《乔治亚·欧姬芙》(Georgia O'Keeffe)
　　[美]阿尔弗雷德·施蒂格利茨,1922 年
　　1997.61.66　　　　　　　　　　　　　　　　　　　119

《乔治亚·欧姬芙》(Georgia O'Keeffe)
　　[美]阿尔弗雷德·施蒂格利茨,1918 年
　　1997.61.25　　　　　　　　　　　　　　　　　　　119

《乔治亚·欧姬芙》(Georgia O'Keeffe)
　　[美]阿尔弗雷德·施蒂格利茨,1918 年
　　28.127.1　　　　　　　　　　　　　　　　　　　　119

七　修道院

回音室里美丽的忧郁感很适合我们,但我们太幸福了,顾不上忧郁。

天使报喜三联画(梅洛德祭坛画)
  荷兰,罗伯特·坎平的工作室,约 1427—1432 年
  56.70a-c

修道院 19　　**128**

"居扎"修道院
　　加泰罗尼亚，约1130—1140年
　　25.120.398 - .954　　　　　　　　　　　　　　修道院07　**126**

修道院十字架（伯里·圣埃德蒙兹的十字架）
　　英国，约1150—1160年
　　63.12　　　　　　　　　　　　　　　　　　　修道院14　**128**

"博纳丰"修道院
　　法国，13世纪末—14世纪
　　25.120.531 - .1052　　　　　　　　　　　　　修道院11　**128**

《收割者》(*The Harvesters*)
　　[荷]彼得·勃鲁盖尔，1565年
　　19.164　　　　　　　　　　　　　　　　　　　二层613　**129**

30

当走向这座如幻似真的博物馆时,我们一边喘息,一边说出了每个人在这时都必定会说的一句话:"你能相信我们仍然在纽约吗?"

布尔圣母院小教堂,兰根
法国,约 1126 年
34.115.1 – .269

修道院 04

八　哨兵

这里有许多戴着白色假发的男子的肖像,而它们中任何一幅都迟早会被人误认为是乔治·华盛顿的肖像。

《乔治·华盛顿》(*George Washington*)
[美] 吉尔伯特·斯图尔特,约 1795 年
07.160

二层 755　**139**

美国银行第二分行的正面
　　[美]马丁·欧几里得·汤普森，1822—1824 年
　　700 号展馆　　　　　　　　　　　　　　　　　　　　　一层 700　　**136**

会议室画廊，按照马萨诸塞州欣厄姆的老船教堂会议室风格建造
　　美国，1924 年
　　根据 1681 年的蓝本建造
　　713 号展厅　　　　　　　　　　　　　　　　　　　　　三层 713　　**137**

哈特屋
　　美国，1680 年
　　36.127
　　709 号展厅　　　　　　　　　　　　　　　　　　　　　三层 709　　**138**

加兹比酒馆的舞厅（亚历山大舞厅）
　　美国，1792 年
　　719 号展厅　　　　　　　　　　　　　　　　　　　　　二层 719　　**139**

桃花心木无扶手椅
　　美国，约 1760—1790 年
　　32.57.4　　　　　　　　　　　　　　　　　　　　　　　二层 722　　**140**

《50 岁模型蛋糕》（*Birthday Thing Number 50*）
　　[美]艾米莉·雷马吉斯，2015 年
　　艺术家本人的收藏　　　　　　　　　　　　　　　　　　　　　　　　**151**

人们直接走到它前面，会说一些类似"我的天，好大的一幅画！哪怕高速公路的地下通道里都放不下！"的话，好像它是某个你想仔细看看的路边景点。

《华盛顿横渡特拉华河》(*Washington Crossing the Delaware*)

[美]伊曼纽尔·洛伊策（生于德国），1851年
97.34

二层 760　　**139**

九　青年雕像

大理石青年雕像
  希腊,约公元前590—前580年
  32.11.1
                一层154 **159**

赤土陶器颈口双耳罐,罐上有埃阿斯背着阿喀琉斯尸体的彩绘
  希腊,约公元前530年
  26.60.20
                一层154 **159**

雅典娜的大理石雕像的头部(美第奇雅典娜)
  罗马,约公元138—192年,原作被认为系菲狄亚斯所作
  原始希腊雕像制作于约公元前430年
  2007.293
                一层153 **163**

来自"蓝色《古兰经》"的内页
  突尼斯,约公元850—950年
  2004.88
                     166

可随身携带的《古兰经》手抄本
  伊朗或者土耳其,17世纪
  89.2.2156
                二层450 **166**

取自"奥马尔·奥克塔"的《古兰经》的一页
  奥马尔·奥克塔,中亚(可能在今乌兹别克斯坦境内),
  约1400年
  18.17.1,2,以及21.26.12
                二层450 **166**

阿米尔·赛义夫·杜尼亚瓦丁·伊本·穆罕默德·马瓦尔迪的香炉
  [伊]贾法·伊本·穆罕默德·伊本·阿里,
  1181—1182年
  51.56
                二层453 **166**

国际象棋棋具
  伊朗,12世纪
  1971.193a-ff
                二层453 **166**

摩洛哥庭院
  摩洛哥,建于2011年
  14世纪风格
  456号展馆
                二层456 **167**

这个世界就像无数过剩的细节，它们拒绝融合在一起。

西莫内蒂地毯
埃及，约 1500 年
1970.105

173

米哈拉布（祷告圣龛）
 伊朗，1354—1355 年
 39.20   二层 455   **169**

《托钵僧肖像》
 中亚人（可能创作于今乌兹别克斯坦境内），16 世纪
 57.51.27   **174**

与多样、丰富而引人注目的事物相比，单一的事物如今已不那么有趣了。

带有护面甲的钢盔
土耳其，15 世纪末—16 世纪，按照土库曼头盔的风格制造
50.87

一层 645

十　资深保安

《劫持沙宾妇女》(*The Abduction of the Sabine Women*)
　　[法]尼古拉斯·普桑,约1633—1634年
　　46.160　　　　　　　　　　　　　　　　二层 623　　**182**

《华盛顿横渡特拉华河》(*Washington Crossing the Delaware*)
　　[美]伊曼纽尔·洛伊策(生于德国),1851年
　　97.34　　　　　　　　　　　　　　　　　二层 760　　**188**

《希尔瓦娜斯·伯恩夫人》(*Mrs. Sylvanus Bourne*)
　　[美]约翰·辛格尔顿·科普利,1766年
　　24.79　　　　　　　　　　　　　　　　　二层 717　　**188**

沙克尔餐桌
　　美国,1800—1825
　　66.10.1　　　　　　　　　　　　　　　　夹层 774　　**189**

胡桃木茶几
　　美国,1740—1790
　　25.115.32　　　　　　　　　　　　　　　夹层 774　　**189**

桃花心木工作台
　　美国,1815—1820
　　65.156　　　　　　　　　　　　　　　　 夹层 774　　**189**

花梨木与桃花心木牌桌
　　美国,约1825年,被认为系邓肯·法伊夫工作室制造
　　68.94.2　　　　　　　　　　　　　　　　夹层 774　　**189**

枫木垂页桌
　　美国,1700—1730 年
　　10.125.673　　　　　　　　　　　　　　 夹层 774　　**189**

枫木与桃花心木倾顶茶几
　　美国,约1800年
　　10.125.159　　　　　　　　　　　　　　 夹层 774　　**189**

绸缎木、桃花心木和白松木控制台桌
　　美国,约1815年
　　1970.126.1　　　　　　　　　　　　　　 夹层 774　　**189**

黄松木和橡木支架桌
　　美国，1640—1690 年
　　10.125.701　　　　　　　　　　　　　夹层774　　**189**

橡木、松木和枫木会议桌
　　美国，1650—1700 年
　　49.155.2　　　　　　　　　　　　　　夹层774　　**189**

胡桃木、鹅掌楸木和白松木落地钟
　　[美]老约翰·伍德和小约翰·伍德，1750—1760 年
　　41.160.369　　　　　　　　　　　　　二层751　　**189**

桃花心木和白松木搁板钟
　　[美]艾伦·威拉德和小艾伦·威拉德，1805—1809 年
　　37.37.1　　　　　　　　　　　　　　　夹层774　　**189**

桃花心木和白松木壁钟
　　[美]西蒙·威拉德，1800—1810 年
　　37.37.2　　　　　　　　　　　　　　　夹层774　　**189**

桃花心木橡子时钟
　　[美]福里斯特维尔制造公司，1847—1850 年
　　1970.289.6　　　　　　　　　　　　　夹层774　　**189**

桃花心木灯塔时钟
　　[美]西蒙·威拉德，1800—1848 年
　　30.120.19a，b　　　　　　　　　　　　夹层774　　**189**

桃花心木、白松木和鹅掌楸木班卓时钟
　　[美]小艾伦·威拉德，约 1825 年
　　30.120.15　　　　　　　　　　　　　　夹层774　　**189**

桃花心木、白松木和鹅掌楸木竖琴钟
　　[美]约翰·萨文，1822—1828 年
　　10.125.391　　　　　　　　　　　　　夹层774　　**189**

胡桃木和白松木镜框
　　美国，1740—1790 年
　　25.115.41　　　　　　　　　　　　　　夹层774　　**189**

43

钢制糖夹子

 美国，18 世纪

 10.125.593　　　　　　　　　　　　　　　　　　夹层 774　　**189**

皮革消防头盔

 美国，1800—1850 年

 10.125.609　　　　　　　　　　　　　　　　　　夹层 774　　**189**

皮革消防盾牌

 美国，1839—1850 年

 10.125.608　　　　　　　　　　　　　　　　　　夹层 774　　**189**

《约布·佩里蒂》(*Job Perit*)

 [美]鲁本·莫尔思罗普，1790 年

 65.254.1　　　　　　　　　　　　　　　　　　　二层 754　　**190**

《托马斯·布鲁斯特·库利奇夫人》(*Mrs. Thomas Brewster Coolidge*)

 [美]切斯特·（查尔斯）·哈丁，约 1827 年

 20.75　　　　　　　　　　　　　　　　　　　　夹层 774　　**190**

《亨利·拉·图雷特·德·格洛特》(*Henry La Tourette de Groot*)

 [美]塞缪尔·洛维特·沃尔多和威廉·朱伊特，

 1825—1830 年

 36.114　　　　　　　　　　　　　　　　　　　　夹层 774　　**190**

康内斯托加式宽篷马车千斤顶

 美国，1784 年

 53.205　　　　　　　　　　　　　　　　　　　　夹层 774　　**192**

银托盘

 美国，蒂芙尼公司，1879 年

 66.52.1　　　　　　　　　　　　　　　　　　　　二层 706　　**192**

威利·梅斯，卡号 244，来自托普斯棒球休息间智力竞赛系列（R414-7）

 美国，托普斯口香糖公司，1953 年

 328, R414-7.244　　　　　　　　　　　　　　　　　　　　　**193**

汉克·阿龙，来自火箭筒"空背"系列（R414-15）

 美国，托普斯口香糖公司，1959 年

 63.350.329.414 - 15.14　　　　　　　　　　　　　　　　　　**193**

在我生活的中心留下一个空洞的那份痛苦所占据的空间，已经少于我脑中对各式各样的琐事的担心。

《海上日落》(*Sunset on the Sea*)
[美]约翰·弗雷德里克·肯西特，1872 年
74.3

霍努斯·瓦格纳，来自白色边框系列（T206）
　　美国，美国烟草公司，1909—1911 年
　　63.350.246.206.378　　　　　　　　　　　　　　　夹层 774　　**193**

麦克·"金"·凯利，来自世界锦标赛，系列 1（N28）
　　美国，艾伦和金特香烟公司，1887 年
　　63.350.201.28.3　　　　　　　　　　　　　　　　　　　　　　**193**

杰克·姆基齐，来自金币系列（N284）
　　美国，金币嚼用烟草公司，1887 年
　　63.350.222.284.62　　　　　　　　　　　　　　　　　　　　　**193**

吉他
　　[德]赫尔曼·豪泽，1937 年
　　1986.353.1　　　　　　　　　　　　　　　　　　二层 684　　**195**

卡曼奇
　　伊朗，约 1869 年
　　89.4.325　　　　　　　　　　　　　　　　　　　二层 681　　**195**

十三弦古筝
　　日本，20 世纪
　　1986.470.3　　　　　　　　　　　　　　　　　　二层 681　　**195**

求爱长笛
　　美洲苏族人，约 1850—1900 年
　　89.4.3371　　　　　　　　　　　　　　　　　　　二层 684　　**195**

大键琴
　　意大利，米凯莱·托迪尼（设计），奥诺弗里（镀金）
　　和雅各布·赖夫（雕刻），约 1670 年
　　89.4.2929a-e　　　　　　　　　　　　　　　　　二层 681　　**195**

"古尔德"小提琴
　　[意]安东尼奥·斯特拉迪瓦里，1693 年
　　55.86a-c　　　　　　　　　　　　　　　　　　　二层 684　　**196**

龟甲拨浪鼓
　　易洛魁族，19 世纪
　　06.1258　　　　　　　　　　　　　　　　　　　　　　　　　**196**

我没有嗅到海边有咸味的空气，我也不在乎这个。

《**东北风**》(*Northeaster*)

[美]温斯洛·霍默，1895年（于1901年重新加工）

10.64.5

二层767　　**203**

47

班卓琴
 美国，约 1850—1900 年
 89.4.3296　　　　　　　　　　　　　　　二层 681　　**196**

科拉琴
 塞内加尔冈比亚，马马杜·库亚特和德基莫·库亚特，
 约 1960 年
 1975.59　　　　　　　　　　　　　　　　二层 684　　**198**

贾尔斯·卡佩尔爵士的徒步搏击头盔
 可能是英国，约 1510 年
 04.3.274　　　　　　　　　　　　　　　　一层 371　　**199**

柯尔特·帕特森左轮手枪，3 号，背带式，156 系列
 美国，柯尔特制造公司，约 1838 年
 59.143.1a–h　　　　　　　　　　　　　　一层 372　　**200**

柯尔特 1851 型海军用左轮手枪，系列号 2
 美国，柯尔特制造公司，1850 年
 68.157.2　　　　　　　　　　　　　　　　一层 372　　**201**

"和平缔造者"柯尔特单次行动陆军用左轮手枪，系列号 4519
 美国，柯尔特制造公司，1874 年
 59.143.4　　　　　　　　　　　　　　　　　　　　　　**201**

《神秘女郎（皮埃尔·戈特罗女士）》(*Madame Pierre Gautreau*)
 [美]约翰·辛格·萨金特（生于意大利），1883—1884 年
 16.53　　　　　　　　　　　　　　　　　　二层 771　　**203**

《母亲和孩子（午睡后醒来的婴儿）》[*Mother and Child (Baby Getting Up from His Nap)*]
 [美]玛丽·卡萨特，约 1899 年
 09.27　　　　　　　　　　　　　　　　　　夹层 774　　**205**

十一　未完成的作品

《收割者》(*The Harvesters*)
　　[荷]彼得·勃鲁盖尔,1565年
　　19.164　　　　　　　　　　　　　　　　　　二层613　　**216**

《圣芭芭拉》(*Saint Barbara*)
　　[荷]扬·凡·艾克,1437年
　　安特卫普皇家艺术博物馆　　　　　　　　　　　　　　**220**

《无题》(*Untitled*)
　　[美]克里·詹姆斯·马歇尔,2009年
　　耶鲁大学艺术画廊,纽黑文　　　　　　　　　　　　　**220**

《黑人应征兵肖像(詹姆斯·洪特尔)》[*Black Draftee (James Hunter)*]
　　[美]艾丽斯·尼尔,1965年
　　比利时达默COMMA基金会　　　　　　　　　　　　　**220**

《无题(罗斯在洛杉矶的肖像)》[*"Untitled" (Portrait of Ross in L.A.)*]
　　[美]费利克斯·冈萨雷斯-托里斯(生于古巴),1991年
　　芝加哥艺术学院　　　　　　　　　　　　　　　　　**220**

这个惊喜是亲眼见到了大师的指纹,用点儿修辞来说,是他留在一个粗糙、畸形、不完美、远未完工的物品上的指纹。

《肮脏的新娘》,又名《莫普索斯和尼萨的婚礼》(*The Dirty Bride or The Wedding of Mopsus and Nisa*)

[荷]彼得·勃鲁盖尔,约1566年
32.63

222

十二 一天的工作

《临摹圣彼得的习作,包括手臂的习作(正面);带有前臂的手的骨骼,男性躯干和右前臂(反面)》[Study after Saint Peter, with Arm Studies (recto); Skeleton of a Hand with Forearm, Male Torso, and Right Forearm (verso)]
  [意]米开朗琪罗·博纳罗蒂,约1493—1494年
  慕尼黑国家版画与绘画收藏   **228**

十四行诗《致乔瓦尼·达·皮斯托亚》和有关他的西斯廷教堂绘画的讽刺画(Sonnet "To Giovanni da Pistoia" and Caricature on His Painting of the Sistine Ceiling)
  [意]米开朗琪罗·博纳罗蒂,约1509—1510
  佛罗伦萨博纳罗蒂之家   **229**

《圣殇与埋葬的组图草图》(Sketches for Compositions of the Pietà and the Entombment)
  [意]米开朗琪罗·博纳罗蒂,约1555—1560年
  阿什莫尔博物馆,牛津   二层899   **236**

《圣彼得大教堂穹顶习作(正面)》[Studies for the Dome of Saint Peters (recto)]
  [意]米开朗琪罗·博纳罗蒂,约1551—1564年
  里尔艺术宫   二层899   **235**

《佛罗伦萨防御工事习作:位于奥格尼桑迪的塔楼(正面)》[Studies for the Fortifications of Florence: The Torre del Serpe at the Prato di Ognissanti (recto)]
  [意]米开朗琪罗·博纳罗蒂,约1530年
  佛罗伦萨博纳罗蒂之家   二层899   **234**

《龙达尼尼的圣殇》(Pietà Rondanini)
  [意]米开朗琪罗·博纳罗蒂,1552—1564年
  米兰斯福尔塞科城堡   **236**

栅条被面上的屋顶与砖层
  [美]露西·T.佩特威,约1955年
  2014.548.52   **239**

原木小屋被面
  [美]玛丽·伊丽莎白·肯尼迪,约1935年
  2014.548.44   **240**

懒丫头栅栏被面
  [美]洛蕾塔·佩特威,约1965年
  2014.548.50   **244**

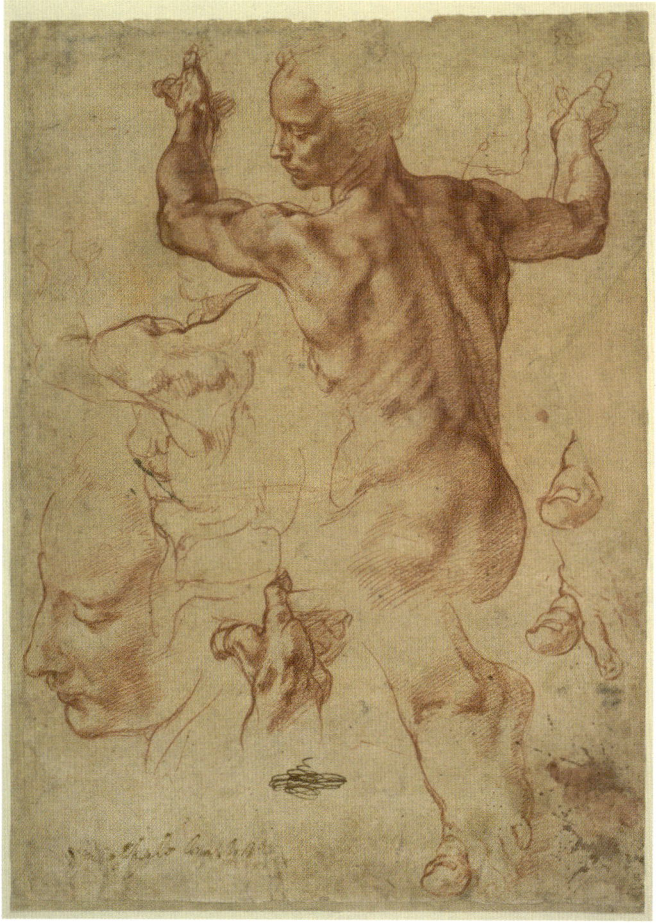

《利比亚女先知习作（正面）》[Studies for the Libyan Sibyl (recto)]

[意]米开朗琪罗·博纳罗蒂，约 1510—1511 年
24.197.2

他希望何等准确、何等深刻地观察事物啊！

十三　多多益善

《马略的胜利》(The Triumph of Marius)
  [意]乔瓦尼·巴蒂斯塔·提埃波罗,1729 年
  意大利人
  65.183.1 　　　　　　　　　　　　　　　　二层 600 　250

赤土陶器颈口双耳罐,
正面:在赫尔墨斯和女神之间的阿波罗;
反面:在其埃塞俄比亚侍从中间的门农
  希腊,约公元前 530 年
  98.8.13 　　　　　　　　　　　　　　　　一层 155 　252

来自萨迪斯阿尔忒弥斯神庙的大理石柱
  希腊,约公元前 300 年
  26.59.1 　　　　　　　　　　　　　　　　一层 160 　253

男子大理石胸像
  罗马,公元 1 世纪中叶
  12.233 　　　　　　　　　　　　　　　　一层 162 　253

木鼓
  廷·米奥龙(安布里姆人,瓦努阿图),20 世纪 60 年代中至后期
  1975.93 　　　　　　　　　　　　　　　　　　　　253

独木舟
  齐纳萨皮希酋长(阿斯马特人,印度尼西亚),1961 年
  1978.412.1134 　　　　　　　　　　　　　　　　253

毕斯柱
  乔尔(阿斯马特人,印度尼西亚),约 1960 年
  1978.412.1248 　　　　　　　　　　　　　　　　253

钱圈
  所罗门群岛,19 世纪末—20 世纪初
  2010.326 　　　　　　　　　　　　　　　　　　　253

《高举美杜莎头颅的珀尔修斯》(Perseus with the Head of Medusa)
  [意]安东尼奥·卡诺瓦,1804—1806 年
  67.110.1 　　　　　　　　　　　　　　　　一层 548 　253

来自德·瓦朗日酒店的细木护壁板
　　法国，约 1736—1752 年，后世有修缮
　　63.228.1
　　一层 525　　**253**

《向日葵》(*Sunflowers*)
　　[荷]文森特·凡·高，1887 年
　　49.41
　　二层 825　　**254**

《夹竹桃》(*Oleanders*)
　　[荷]文森特·凡·高，1888 年
　　62.24
　　254

《鸢尾花》(*Irises*)
　　[荷]文森特·凡·高，1890 年
　　58.187
　　二层 825　　**254**

《削土豆的人》，在《戴草帽的自画像》背面
[*The Potato Peeler (reverse of Self-Portrait with a Straw Hat)*]
　　[荷]文森特·凡·高，1885 年
　　67.187.70b
　　二层 825　　**254**

《女子肖像：约瑟夫 – 米歇尔·吉努夫人》
(*L'Arlésienne: Madame Joseph-Michel Ginoux*)
　　[荷]文森特·凡·高，1888—1889 年
　　51.112.3
　　二层 825　　**254**

《第一步，摹仿米勒》(*First Steps, after Millet*)
　　[荷]文森特·凡·高，1890 年
　　64.165.2
　　二层 825　　**254**

《艾萨克和丽贝卡》(*Isaac and Rebecca*，俗称《**犹太新娘**》)
　　[荷]伦勃朗·凡·莱茵，约 1665—1669 年
　　阿姆斯特丹国立博物馆
　　256

《基督受难》(*The Crucifixion*)
　　[意]弗拉·安吉利科（圭多·迪·彼得罗），
　　约 1420—1423 年
　　43.98.5
　　二层 603　　**258**

57

他眼神清澈，戴着一顶大草帽，被迫与游客们一起拍自拍照。

《戴草帽的自画像》，在《削土豆的人》正面
[*Self-Portrait with a Straw Hat (obverse of The Potato Peeler)*]
[荷] 文森特·凡·高，1887年
67.187.70a

二层 825　　254

"他周围有鲨鱼,远处出现了暴风雨,但他已经见过了最坏的情况,所以就这样放松地躺着"——约瑟夫摆出类似的姿势——"那就是我。"

《湾流》(*The Gulf Stream*)
[美]温斯洛·霍默,1899年,1906年重新加工
06.1234

二层 767　**257**

我发现,许多最伟大的艺术作品,都是在提醒我们那些显而易见的事情。它们所传达的全部信息就是:"这是真实的。"

ALL
THE
BEAUTY
IN
THE
WORLD

这世间一切的美